AF604130

Elles ont fait l'histoire de France

LES FEMMES D'INFLUENCE AU XVIIIE SIÈCLE

Barbara Wichnevetzki

Dépôt légal - Septembre 2023

ISBN : 978-2-9589734-0-7

Le XVIIIe siècle en Europe, et surtout en France, a cela de passionnant qu'il est une période de réveil populaire, mais surtout de changement profond intellectuel. Avec l'avancée des sciences, de la technique, et la libération de la parole, la pensée est au centre de la vie à la Cour et dans tout le royaume.

Celui qu'on appellera le Siècle des Lumières est de ce fait marqué avant tout par le changement. Il est social, culturel, intellectuel et politique, les têtes tombent littéralement tandis que l'esprit est à la mode.

Si on a tous en mémoire les évidents Rousseau ou Voltaire, on oublie souvent que quelques femmes ont joué un rôle important et même parfois majeur dans ces révolutions multiples.

Ces grandes femmes ont autant marqué cette génération par leurs alliances, leurs décisions, leur influence ou leur esprit ; et bien qu'elles soient souvent contées comme des personnages secondaires, elles ont eu une importance parfois primordiale.

Ce qui réunit celles dont je vais parler ici, c'est le rang auquel elles ont accédé sans pour autant être toujours bien nées (ce qui est déjà un exploit) ainsi que le poids des devoirs marital et maternel qui les emprisonnent d'abord, puis une fois accomplis, leur permettent une certaine émancipation sociale.

En effet, il est beau être question de « chasser les ténèbres » de l'ignorance -dixit Voltaire- en ce siècle d'esprits, les femmes sont encore très largement perçues comme des épouses et des mères, des soutiens, des mécènes, mais très peu comme des décisionnaires ou des personnes d'influence.

Aussi, on sous-entend souvent par 'femmes des Lumières' : les compagnes des Lumières !

Il n'en est ici rien, mon désir est de réhabiliter ces dames, de leur témoigner la reconnaissance de ce qu'elles ont donné à la France en ce petit recueil des faits marquants de leurs vies.

Leurs désirs d'indépendance et leur pouvoir ont tout de moderne, leurs ébats sont presque publics et leur notoriété, sont tous connus, popularisés, et enfin gravés dans l'histoire.

Dans cet ouvrage nous rendrons donc hommage à cinq femmes dont le souvenir brille trois cent ans plus tard, et plus que jamais, à une époque enfin prête a les reconnaitre, elles et leur pouvoir d'influence dans leur entièreté.

Ces cinq femmes les voici :

La Marquise de Pompadour (1721-1764) : Première Ministre de la Culture

Émilie du Châtelet (1706-1749) : Génie dans une société d'hommes

La Comtesse du Barry (1743-1793) : Une prostituée presque reine en France

Suzanne Necker (1737-1794) : Salonnière et Bienfaitrice

Marie Antoinette (1755-1793) : Reine autodidacte et avant-gardiste à Versailles

Contextualisons un peu.

On considère le début du XVIIIe siècle à la mort de Louis XIV en 1715. Son règne a été le plus long de l'Ancien Régime, et aussi le plus marquant.

Il a instauré la monarchie absolue et déclaré que seul Dieu est au-dessus du roi. Ce dernier détient tous les pouvoirs et vit depuis la fin du XVIIe siècle à Versailles, centre du royaume français. La capitale du royaume de France est toujours Paris mais Louis XIV préfère de loin Versailles et ainsi quitter le palais du Louvres pour vivre entouré de sa cour.

Autour du roi vit la haute noblesse qui respecte bien entendu l'étiquette. Sur l'échelle sociale française vient ensuite la petite noblesse, puis la bourgeoisie riche et pauvre, et enfin le petit peuple ou classe populaire qui rassemble les paysans, les ouvriers, les pauvres, les domestiques, etc.

La naissance, le rang, et le genre déterminent quasiment toujours le destin de chacun en ce début de siècle.

L'Eglise a un fort pouvoir et est riche de la Dime qui lui est versée. Le pays est en majorité chrétien et le pouvoir religieux est responsable en grande partie de l'éducation donnée aux enfants.

Louis XIV laisse donc à son arrière-petit-fils le futur Louis XV, une monarchie absolue prospère et puissante malgré les nombreuses guerres qu'il a longuement menées. Le pays est en état de grâce politique, il est craint et reconnu comme la grande puissance militaire européenne, mais le peuple est lui très appauvri et faible, écrasé par de nombreux impôts ayant eu pour but de payer toutes ces nombreuses batailles.

Les disettes et les misères s'accumulent aussi, notamment à cause de nombreux hivers extrêmement rudes qui affaiblissent encore plus le peuple le plus modeste.

Seuls finalement les courtisans, évidement minoritaires, jouissent de privilèges, vivent longuement et confortablement.

Les idées progressistes se développent dans ce contexte dès ce début de siècle, dans un royaume largement partagé entre une aristocratie privilégiée et un peuple faible, appauvri, et épuisé.

Les salons se multiplient, les sociétés savantes aussi. Les hommes cherchent à s'instruire, comprendre mieux les sciences, la mécanique, la technique et la vie humaine. Les progrès scientifiques se multiplient, de nombreux écrits philosophiques en découlent, et c'est ainsi que ce qu'on appellera le mouvement des Lumières se fait connaitre.

Et les femmes dans tout ça? Elles sont largement exclues de ces sociétés en quête de savoir et d'éducation, et elles sont encore recluses dans le rôle de la mère de famille dévouée. A de très rares exceptions près, la femme est entièrement dépendante économiquement et socialement de son mari.

Cette condition n'est pas nouvelle puisque la société française est chrétienne et croyante en majorité. La femme est de ce fait dans la conscience collective le produit de l'homme et la source de ses ennuis (ainsi la Genèse). Les penseurs et les scientifiques eux-mêmes ne réfutent pas ces théories mais au contraire vont en ce sens décrire les femmes toujours en termes de fragilité, de caractères faibles, et d'autres nombreux clichés misogynes.

Rousseau, dans son manuel d'éducation 'Emile ou de l'Education' publié pourtant en 1762, dédit un guide du citoyen en quatre livres, adressé au garçon en général qu'il nomme Emile. Il y écrit comment les garçons doivent être élevés et éclairés d'une éducation adéquate. Le cinquième livre traite finalement la question féminine, et donne les fondements de la parfaite épouse pour son Emile, la jeune fille qu'il appelle Sophie.

Louis XV est donc le dernier héritier vivant de la couronne de France après une hécatombe dans la famille royale du temps où Louis XIV était encore vivant. Lorsque ce dernier meurt, Louis XV est encore mineur, et une régence est instaurée pour organiser le royaume en attendant la majorité du futur souverain. Philippe d'Orléans dirigera ainsi la France en tant que Régent pendant sept ans.

Durant son enfance, le prince, futur Louis XV, orphelin depuis ses deux ans, reçoit une éducation stricte et religieuse. On lui enseigne la lecture, l'écriture, l'histoire, la géographie, mais aussi les arts plastiques, la danse et la musique.

Sa gouvernante et son précepteur le protègent comme des parents, et l'élèvent moralement et spirituellement pour qu'il soit le mieux instruit et le plus en forme moralement et intellectuellement à son couronnement.

Il se dit que Mme de Vantadour, sa nourrice, l'aurait littéralement gardé en vie, étant né avec une santé très fragile; et quant à son précepteur le cardinal de Fleury, il deviendra plus tard son principal ministre, et dirigera quasiment le royaume.

Durant la Régence de Philippe d'Orléans, l'économie du pays va encore s'aggraver. Malgré cela, dès son couronnement en En 1725, toutes les premières années de sa souveraineté Louis XV est somme toute un roi bien aimé. Le peuple solidaire le soutien du fait qu'il est orphelin et dernier héritier du trône, et surtout car avec l'aide du cardinal Fleury, il réussit à garder la France quasiment toujours en paix durant 17 ans (exception faite de l'acquisition de la Lorraine suite à la bataille contre la Pologne, mais c'est au moins une victoire territoriale).

Le monarque est ainsi aimé de son peuple et fort de ce soutien en ce début de règne.

Du fait de sa santé fragile depuis l'enfance, on cherche à marier le roi au plus vite pour qu'il puisse donner une descendance royale à la France avant une mort que l'on craint arriver très jeune.

C'est ainsi que l'on marie Louis XV à Marie Leszczynska lorsqu'il a 15 ans et elle 22. Elle est princesse de Pologne et bien que mal vue au premier abord par la Cour qui ne la trouve pas socialement à la hauteur du prince de France, elle arrivera rapidement à se faire apprécier en donnant plusieurs dauphins à la France et en jouant son rôle de représentation comme le royaume l'attend d'elle.

Seulement, après avoir accouché dix fois en dix ans, Marie Leszczynska se lasse et se fatigue des grossesses, et refuse désormais son lit et ses bras au souverain et l'encourage même à se trouver des maitresses pour le combler...

C'est donc de cette lassitude physique royale qu'apparait à la cour et dans l'Histoire, celle qui deviendra la marquise de Pompadour.

MME DE POMPADOUR

Première Ministre de la Culture, Femme d'Affaires, Mécène

Jeanne Antoinette Poisson nait le 29 décembre 1721 à Paris dans un contexte familial modeste et compliqué.

Ses Parents sont François Poisson et Louise-Madeleine de la Motte. Ils sont certes bourgeois mais profitent de certains avantages grâce à leurs connaissances hautes placées.

Au cours de sa petite enfance, son père est exilé à cause d'escroqueries et sa mère pendant l'exil de son mari se rapproche de son amant. Jeanne Antoinette est de ce fait, à 6 ans, placée au couvent.

Apres 3 années au couvent, sa mère et son amant la récupèrent enfin, et décident de s'occuper de son éducation. Son amant, Charles François Paul Le Normant de Tournehem est riche et protecteur, et il tient à ce que Jeanne Antoinette reçoive la meilleure instruction possible.

Il lui présente aussi son futur mari, Charles Guillaume Lenormand-d'Etiolles.

Ce beau-père est ainsi un bienfaiteur qui bouscule son destin dès l'enfance. Il investit tant dans l'élévation sociale de sa dite belle-fille, que l'origine même du père de Jeanne Antoinette est finalement remise en question.

En lui offrant une éducation digne de la noblesse et un époux fortuné, il lui permet de s'aiguiser l'esprit, de développer l'art de la conversation, et d'accomplir son devoir de femme auprès de la société, à savoir le mariage et la maternité. En effet, encore au XVIIIe siècle dans la France chrétienne et croyante, le modèle sociétal est patriarcal et une jeune fille n'est finalement respectable qu'une fois mariée.

En plus de savoir réfléchir, d'être désormais mariée, et de connaitre grâce aux salons quelle a fréquenté, de nombreuses personnes influentes, elle est en plus naturellement une très belle femme, grande, mince et élancée.

Mme d'Etiolles désormais, visite régulièrement les salons parisiens ou se côtoient les nouveaux penseurs à la mode et les futurs grands noms de la noblesse intellectuelle de ce début de siècle, et fait entièrement partie du monde de la finance.

Elle organise régulièrement des pièces de théâtre à Choisy ou elle habite et où elle montre un gout certain pour les mondanités.

Elle remarque le roi qui passe devant les fenêtres du petit château où elle vit pour aller chasser, et veut se faire remarquer par lui en retour. On raconte qu'elle met en place des ruses pour attirer son attention et finit par y arriver. On peut imaginer qu'ils se rencontrent clandestinement dans la forêt voisine plusieurs fois durant l'été 1745 avant qu'il ne l'invite de manière officielle au bal des ifs.

A ce bal masque, elle danse avec le roi qui se montre donc à son bras, et c'est à ce bal que l'histoire d'amour débute officiellement aux yeux de tous.

Elle est présentée et installée à Versailles juste après l'été dans un appartement juste au-dessus de celui du roi en septembre 1745 et devient la maitresse royale.

Il est vrai qu'elle est mariée et mère de famille!! Pourtant elle est bel et bien reconnue publiquement comme maitresse. Il faut comprendre Mme d'Etiolles ; sous la monarchie absolue, accéder à la cour est un honneur que personne n'acquiert, et certainement aucun roturier ou roturière, puisqu'il n'existe pas de moyen d'entrer dans la noblesse, ni par la richesse ni par le métier, c'est un état de naissance.

Jeanne Antoinette comprend que c'est là l'opportunité de sa vie de s'élever socialement de manière incroyable et va mettre une pression au souverain pour qu'il l'installe très vite à Versailles (donc qu'il la rendre publique) en lui racontant que son mari la menace en permanence… On peut y voir une manigance, mais on peut surtout constater je pense une intelligence et une ambition certaine. C'est véritablement un coup de maitre pour une bourgeoise que d'accéder à l'intimité royale et de recevoir des privilèges presque égaux à ceux accordés à une reine.

Les maitresses royales ne sont d'ailleurs pas cachées, au contraire elles ajoutent une certaine valeur au souverain et habitent le château dans des appartements proches du sien. Elles sont choisies avec beaucoup d'attention par les conseillers du roi pour toujours être issues de bonnes familles aristocrates.

L'arrivée de Mme d'Etiolles n'est donc pas du tout appréciée par la cour qui la trouve vraisemblablement vulgaire. Montrer une roturière à Versailles, c'est comme désacraliser la Cour, laisser penser que finalement n'importe qui peut y entrer, ça ne peut donc pas trouver grâce aux yeux des privilégiés qui ont bien conscience de la chance de leur rang dans la société et veulent à tout prix le garder. Sa présence ternie l'aspect inaccessible de la Cour. Elle est effectivement fortunée depuis son mariage, mais elle fait partie du monde des finances, elle est vue comme faisant partie des nouveaux riches, et donc pas vraiment noble.

Une des rares qui apprécie sa présence reste la reine Marie de Leszczynska, qui voit en elle une femme simple et ne craint donc pas sa concurrence. Elle la trouve discrète et fine, et ne s'imagine pas qu'elle prendra la place immense qu'elle prendra dans le cœur de son époux, mais aussi dans ses affaires.

Quelques mois après son arrivée à Versailles, Louis XV lui offre le domaine de Pompadour, ce qui l'élève au titre de marquise, et à ce même moment elle obtient une séparation légale de son mari. Elle obtient la garde légale de sa fille qu'elle élèvera en courtisane et qui recevra l'éducation d'une princesse. On comprend que le roi l'installe dans ce rôle de favorite pour longtemps.

Même si le protocole aurait voulu une princesse comme favorite royale, le roi la fait accéder à un titre et une propriété inespérés. Une situation qui lui est indéniablement reconnue et enviée.

Louis XV est connu pour être depuis l'enfance, de nature très peu confiante en lui-même et d'humeur dépressive. Il doute de lui sur beaucoup de sujets, est impressionnable et plutôt influençable, et on comprend qu'il a été véritablement séduit par cette femme qui semble puissante de par sa personnalité, et qui est en plus dotée de nombreuses qualités.

Elle lui donne en effet de nombreuses distractions et des joies en organisant des diners non formels régulièrement, des pièces de théâtre, en chantant (elle avait parait-il un don pour le chant et une voix tout à fait gracieuse) et même en présentant l'Encyclopédie au roi par des jeux ludiques.

Elle joue son rôle de favorite à la perfection, bien au-delà des plaisirs charnels, en sachant le distraire comme personne. Elle est férue de culture et l'ouvre plus encore aux arts et à la philosophie qu'il connait finalement moins bien qu'elle. Certains iront même jusqu'à la voir comme la première ministre de la Culture, avant même que cette fonction n'existe en France.

Le roi, lui, l'encourage dans ses passions et la soutient même financièrement dans tout ce qu'elle veut entreprendre. Il lui fait une grande confiance, dans les finances puisque c'est son milieu d'origine, et aussi socialement car en fréquentant régulièrement les salons elle connait et côtoie les grands penseurs libéraux ainsi que leurs épouses.

Il faut rappeler que c'est une période historique de véritable bouillonnement intellectuel. La philosophie, puis l'esprit politique sont de plus en plus pointus.

Les penseurs et personnalités influentes se scient en deux courants, les dévots et les philosophes.

Les philosophes sont largement contestataires du pouvoir, ils remettent en question la monarchie absolue, le pouvoir héréditaire et l'Eglise. Ils considèrent qu'il faut éclairer le peuple par le savoir (d'où le nom de Lumières) et ne plus croire en la superstition qui décrète à la naissance qui détient du pouvoir, de l'autorité, ou non.

Bien qu'elle soit marquise, favorite du roi, et de ce fait privilégiée et extrêmement proche du pouvoir, Mme de Pompadour se considère pourtant libérale et soutient largement les philosophes. Eux en revanche ne la reconnaissent pas comme une des leurs, car elle a, à leur sens, trahie son rang pour la monarchie qui est bien sur entièrement dévote.

Malgré ce clivage entre le pouvoir ou elle vit et évolue, et ses idées politiques personnelles, elle encourage la diffusion d'écrits philosophiques et contestataires et pousse le souverain a plus d'ouverture culturelle. Elle le pousse surtout à écouter certains opposants qui, il est important de le dire, ne sont pas d'extraction populaire mais bien bourgeoise.

A tel point, que Louis XV lui-même acceptera (sous la pression de cette presque reine donc) de faire éditer l'Encyclopédie, c'est dire l'ouverture d'esprit et culturelle que la marquise lui offre. On comprend bien que la révolution culturelle a également eu lieu à Versailles même et pas seulement dans les salons et dans la capitale.

L'Encyclopédie est un recueil de définitions et de théories qui a été écrite par des dizaines de scientifiques et de penseurs et ce pendant une vingtaine d'années. Elle recense une grande partie du savoir de l'époque autant technique que scientifique et artistique.

Au niveau sentimental et charnel, la relation de Louis et Jeanne Antoinette a très vite mutée. En effet après seulement quelques années d'amour physique il se dérobe à elle pour des femmes plus jeunes. Mme de Pompadour propose dès lors au roi de nouvelles jeunes femmes pour le contenter charnellement à sa place. Elle est tant au fait des intrigues de la cour et tant consciente de combien la place de favorite est enviée, qu'elle préfère choisir elle-même les femmes qu'elle pense moins ambitieuses et plus malléables, pour ne pas qu'elles s'installent dans le lit ni dans le cœur du roi.

On remarque alors l'importance qu'elle a prise dans le quotidien et la raison du roi qui la garde toujours aussi proche de lui, comme un ministre de l'ombre (c'est une femme après tout) alors qu'elle ne remplit plus sa fonction première de maitresse! Il l'a fait duchesse alors que leur relation est publiquement platonique!

Mme de Pompadour a vécu un drame quelques années après son installation à la Cour. Sa fille qui était la seule survivante de ses deux enfants meurt, après être tombée gravement malade. Le roi a tout fait pour la soigner en vain et ce drame traumatise la marquise qui restera marquée de ce deuil toute sa vie.

Son rôle à la cour évolue, elle devient conseillère, amie proche apparemment sincère du roi, même si son intérêt personnel en dépend directement.

Elle devient aussi un grand mécène de sa génération. Dans le domaine des arts, elle fait construire bon nombre de bâtiments qu'elle finance et soutient, elle est fervente admiratrice du style rococo, commande des toiles, des statues et embellit largement les espaces quelle fréquente. Elle développe même un gout pour l'architecture d'extérieur et les organisations en plein air.

Elle protège et finance ainsi les projets de nombreux artistes comme Boucher dans le domaine des arts plastiques ou La Tour, elle embellit le royaume avec des toiles qui se multiplient dans les bâtiments qu'elle aménage et les espaces royaux.

Dans le domaine des lettres elle n'arrêtera jamais de défendre Voltaire et Montesquieu, sans oublier l'Encyclopédie qu'elle continuera de toujours soutenir.

Ainsi elle offre de l'emploi à des centaines d'artisans, menuisiers et techniciens qui bâtissent et rénovent pour elle de nombreux domaines.

On peut rappeler qu'elle réhabilite la manufacture de porcelaine de Sèvre pour en faire la première du royaume et pour concurrencer les manufactures asiatiques. Et bien entendu l'actuelle Elysée qui à l'époque est offerte par le roi a la marquise qui la réaménagera entièrement pour la revendre plus de 4 fois le prix que le roi l'avait acheté. Pas de doute que la marquise est douée et a le sens des affaires, elle sait investir et créer des profits très malins.

Toujours aussi investie dans la distraction du roi, elle fait construire un petit théâtre directement dans l'enceinte du château de Versailles ou elle produit des spectacles en tout genre (pièces, opéras, concerts) et y joue elle-même. Comme dit précédemment, elle chante, joue de la musique, joue aussi la comédie et a un gout très clair et assumé pour les arts du spectacle.

Tous les talents de cette femme confortent Louis XV dans l'admiration qu'il a pour elle.

Elle ne fait pourtant certainement pas l'unanimité dans le royaume, et ce même les années passant. Elle reste pour les classes populaires une vendue, et pour les aristocrates une parvenue qui en plus a beaucoup trop de pouvoir ! Les erreurs qu'elle commet lui sont de ce fait lourdement reprochées. Ces erreurs, surtout politiques, dont une en particulier lui vaudront des vagues de haine populaires.

Avant tout, il faut rappeler que c'est Louis XV qui décide de régner 'seul' après la mort du cardinal Fleury, de ne pas officiellement le remplacer par un autre ministre. Il essuie une défaite dans la guerre de succession d'Autriche en 1748 et doit rendre de nombreux territoires. Il tombe immédiatement en disgrâce dans l'opinion publique; les français sont habitués aux nombreuses guerres depuis Louis XIV et sont prêts à supporter les pertes humaines mais le roi doit impérativement apporter la victoire au pays. Il devient immédiatement le mal aimé.

La France reste ruinée par le conflit, et Mme de Pompadour suggère au roi un nouvel impôt, 'le vingtième', qui devra être payé par tous y compris la haute noblesse ! Il n'en fallait pas plus pour déchainer l'opinion contre elle, partout elle est raillée et menacée, il circule ce qu'on appellera des poissonades, de réels pamphlets appelant au meurtre de la duchesse… Ces poissonades sont distribuées dans tout le royaume et y compris au sein même de Versailles

Le roi mal aimé et la duchesse détestée, font face à une totale rébellion civile. La haute noblesse ne peut souffrir une baisse de leurs privilèges, l'Eglise ne compte pas se laisser prendre ses biens, et les bourgeois et les pauvres ne supportent plus leur condition sociale et les famines.

Robert François Damiens tente d'assassiner le roi en 1757, et même si le roi survit à la tentative de régicide, il reste affaiblit moralement, il ne sait pas réagir aux révoltes populaires et aux mécontentements généraux.

Mme de Pompadour n'est ni cartographe ni femme politique, elle va donc toujours dans le sens du roi pour conserver son influence sur lui, et ne prend pas de décisions même si elle a des idées parfois à lui soumettre. Il faut souligner qu'elle agit certes comme un ministre mais elle n'est pas ministre ! Elle n'est ni décisionnaire ni elle ne gouverne la France. Elle a un rôle important dans le système monarchique de Louis XV car elle le soutient, l'influence, et va donc organiser pour lui nombre de réceptions et salons qui auront une importance majeure dans les alliances crées mais elle n'a aucun pouvoir exécutif ou même législatif.

Il est vrai qu'elle est très proche du souverain et a une emprise certaine sur lui, mais ses domaines de prédilections restent les arts et les finances, et certainement pas la gestion du pays qu'il gouverne avec ses parlementaires et ses conseillers.

C'est extenuée de cette vie d'intrigues de courtisane, de conseillère royale, de mécène, de femme d'affaires et de férue des arts en tout genre, qu'elle contracte finalement une tuberculose sévère.

Voyant ses derniers jours approcher, le roi lui fait l'honneur jusqu'alors inédit de la laisser finir sa vie dans l'enceinte même de Versailles le 15 avril 1764, où seuls les rois et princes avaient alors le droit de mourir.

Elle est enterrée près de sa mère et de sa fille à Paris, et laisse à la France un héritage artistique et culturel inestimable après 20 années de presque règne.

ÉMILIE DU CHATELET

Une génie dans une société d'hommes

Gabrielle Emilie le Tonnelier du Breteuil nait le 17 décembre 1706 à Paris. Elle grandit dans une famille noble. Son père qui fréquente la cour, la pousse à étudier 'comme un garçon', et lui offre les services de nombres de précepteurs dans tous les domaines possibles. Elle est naturellement douée, comprend et apprend très vite et développe des compétences scientifiques et littéraires dès le plus jeune âge. Ainsi en plus des sciences, de la littérature, des arts, de la musique, de la danse, elle parle et lit 4 langues couramment.

Ses parents sont très ouverts et donne à leurs enfants un environnement intellectuel. Ils reçoivent par exemple régulièrement chez eux le poète Jean Baptiste Rousseau et l'écrivain Fontenelle dont ils sont proches. Emilie est donc poussée intellectuellement par son cercle proche, mais elle a aussi un penchant naturel vers les sciences et s'y intéresse au-delà de l'instruction qu'elle reçoit.

Etant née dans une famille de la noblesse, elle est présentée à la cour alors sous régence de Philippe d'Orléans et sait aussi apprécier les plaisir du luxe et des privilèges.

Elle se marie dès ses 19 ans au marquis Florent Claude du Chatelet, qui, fort de sa carrière militaire, n'est pas très présent au domicile familial. Emilie, elle, continue ses recherches personnelles particulièrement dans le domaine des sciences, et continue son instruction alors en autodidacte. Son époux est époustouflé par ses capacités intellectuelles et la laisse lire et faire ses recherches a sa guise.

Elle devient mère l'année qui suit leurs noces et donnera naissance à un deuxième enfant l'année suivante.

Emilie du Chatelet a une entière conscience du rôle que la société attend d'elle. Elle s'est mariée et a fait des enfants aussi pour s'acquitter de cette dette qu'elle a envers elle, sa famille et son mari. A l'âge de 21 ans elle se considère donc comme acquittée de ce devoir de représentation. Elle soutient son mari et sauve toujours les apparences pour son bien à lui, mais elle se sent des lors, libérée. Chacun des deux époux du Chatelet acceptent l'infidélité de l'autre dans le privé, tout en restant unis publiquement.

Elle connait nombre d'amants, et tend à une vie sentimentale parallèle à sa vie maritale, plutôt volage. Ses amants sont connus publiquement comme le maréchal Richelieu ou un académicien du nom de monsieur Moreau de Maupertuis. Elle profite de certaines relations pour encore élargir ses connaissances et apprendre des spécialités de chacun, en sciences principalement.

Emilie tente de participer à des salons scientifiques officiels, qui regroupent les savants qui lui sont contemporains, mais sans succès. Aucun protocole ne prévoit la présence de femmes dans ce type de réunions, elle n'y est donc pas acceptée. Il faudra qu'elle se travestisse en homme pour pouvoir enfin accéder à ces réunions scientifiques…

Son niveau social la protège publiquement mais Emilie est souvent moquée par les femmes de la noblesse et de la Cour en général, certainement par jalousie, mais aussi car elle leur semble farfelue, entre ses idées, son intérêt pour l'étude, ses expériences en sciences physiques et son caractère qui n'est pas dans la retenue… elle a donc peu ou pas d'amies notoires et est plutôt connue pour ses aventures passionnelles.

Lors de ses 26 ans elle rencontre Voltaire, et cette rencontre marquera l'histoire. Ils sont tous deux très amoureux et ont une estime immense l'un pour l'autre. Ils viennent de deux milieux différents, Emilie s'est acquittée de ses devoirs envers la société quand Voltaire ne fait lui, que la provoquer et la remettre en question. Ils se stimulent et se reconnaissent comme deux génies, on parle de coup de foudre tant charismatique qu'intellectuel.

Rapidement le couple s'installe à Cirey, une demeure qui appartient au couple du Chatelet, et ce avec l'accord du marquis. Voltaire s'y installe volontiers car il a des problèmes avec le pouvoir depuis la sortie des 'Lettres Philosophiques' et Cirey est proche de la frontière avec la Loraine. En cas de besoin il pourrait ainsi fuir rapidement. Il y pose donc ses affaires et fait aménager le premier laboratoire scientifique d'Europe chez un particulier. Il investit ainsi une somme d'argent très importante dans une demeure qui appartient au mari de sa maitresse ! Ce n'est pas tant pour les recherches scientifiques mais plutôt pour les conclusions philosophiques qu'il en tire. Tous deux passent leurs journées à Cirey à faire du théâtre, écrire, lire et faire des recherches. Ils essayent de trouver des sujets communs pour pouvoir en discuter et se pousser mutuellement dans la réflexion. Quand ils se disputent ils veillent à parler en anglais, qu'ils pratiquent tous deux couramment, afin de ne pas être compris par le personnel, et gardent ainsi autour d'eux un certain mystère qui les unit.

Ils se stimulent intellectuellement et sont épatés par leur talent réciproque. Si Voltaire pratique les lettres, le théâtre, la philosophie comme personne, Mme du Chatelet est sans aucun doute le génie scientifique du couple. Elle comprend, pousse des recherches déjà connues, et va même en corriger certaines. Elle écrit aussi des théorèmes et traduit des essais scientifiques du latin en français. On peut facilement parler de symbiose intellectuelle : Emilie utilise la philosophie à des fins scientifiques et Voltaire utilise les sciences à des fins philosophiques, les deux génies se complètent véritablement.

Ainsi ils forment le couple phare du siècle de l'esprit. Elle est une femme éclairée et libre, avide de connaissances, et lui pose les fondements philosophiques et politiques de ce siècle des Lumières.

Elle a un caractère dur avec l'homme qu'elle aime, lui dicte la conduite à avoir et n'hésite jamais à faire entendre son avis sur tous les aspects de la vie privée. Il faut comprendre que Voltaire a déjà eu de nombreux déboires avec la Cour et les seigneurs à Paris et Versailles et Emilie à peur de nouveaux problèmes qui abimeraient leur quotidien. Voltaire n'est pas d'origine noble (à son grand malheur d'ailleurs) et sa maitresse sait que trop bien que ses privilèges, même si il est Voltaire, sont limités.

Ils participent tous deux au concours de l'Académie des Sciences en 1737, et écrivent chacun des théories sur l'origine du feu et sa propagation. Même si aucun des deux ne gagne le concours ils seront tous deux publiés, faisant de Mme du Chatelet la première femme ainsi publiée par l'Académie.

En 1745 elle va écrire sa plus grande œuvre qui ne sera publiée qu'après sa mort, la traduction de 'Principia Mathematica' de Newton qu'elle va ainsi faire connaitre en France mais aussi corriger !

En 1746 elle est honorée et très fière d'être élue académicienne en Italie a l'académie des sciences de Bologne, la seule alors à compter des femmes parmi ses membres.

Enfin en 1748, Emilie tombe une nouvelle fois amoureuse, cette fois de Jean François de Saint Lambert, un militaire et poète qui vit en Lorraine, alors qu'elle vit toujours en concubinage avec Voltaire et avec qui elle reste encore amie. Les deux nouveaux amants s'éprennent l'un de l'autre et Emilie tombe enceinte de lui l'année suivante, alors âgée de 42 ans. Elle donne naissance à une fille en septembre et meurt des suites de l'accouchement, quelques jours plus tard, le 10 septembre 1749.

A une époque où les femmes n'étaient même pas toutes lettrées, et où rare étaient celles qui recevaient une éducation minimale, Emilie du Chatelet est devenue la première scientifique d'influence française reconnue et dont on ait gardé les écrits et les recherches.

MME DU BARRY

<u>Une prostituée presque reine</u>

Jeanne Becu nait le 19 aout 1743 dans l'est de la France d'une mère couturière et d'un père moine. Sa mère accouche donc dans le secret et on comprend qu'elle menait une vie sentimentale plutôt mouvementée.

Jeanne est de par sa naissance vouée à une vie de domestique. Elle grandit d'abord en Lorraine près de sa mère, mais déjà à 7 ans on la place en pension dans un couvent parisien. Le nouveau bienfaiteur de sa mère prend à cœur l'éducation de la jeune fille et veille ainsi à ce qu'elle apprenne à lire, écrire, danser. Elle est bonne élève et y reste jusqu'à ses 15 ans.

Dès lors elle devient apprentie coiffeuse, fait la lecture à une vieille dame de la petite noblesse, puis devient vendeuse de vêtements pour la bonne société.

Il est temps de parler de l'atout énorme de Jeanne, malgré son origine roturière, qui est son apparence. Elle est d'une beauté incroyable, elle attire les hommes et leur fait tourner la tête avec beaucoup de facilite. Elle est grande, mince, les yeux bleus, les cheveux châtains, c'est une beauté réelle et sensuelle, elle hypnotise les hommes et fait jalouser les femmes.

Ainsi déjà quand elle est adolescente, et consciente de l'effet qu'elle procure aux hommes, elle fréquente des lieux de débauche et ne compte plus ses amants. Ils font tous partie de la bonne société parisienne, et elle les rencontre dans le magasin où elle travaille ou par le biais d'autres connaissances.

Très vite elle va devenir un objet d'intrigue car son amant le comte du Barry-Cérès est un proxénète. Il la fait travailler sans cesse, il lui fait présente de nombreux hommes issus de la bourgeoisie et de la petite noblesse, et il prend une partie de l'argent qui lui revient en échange de sa 'protection'. Il a une réputation d'escroc et de voyou qui le précède malgré son titre, et il a beau faire fortune régulièrement, il est dépensier et vit dans la précarité. Tous les hommes se pressent dit on autour de Jeanne et de son extrême beauté.

Apres que Jeanne le quitte, épuisée de travailler sans arrêt, il finit par la convaincre de revenir dans de nouvelles conditions. Il apprend à Jeanne à se comporter en société, à parler et se faire écouter et bien voir. Il lui présente ses amis haut placés et vend son corps aux plus hauts seigneurs. Durant ces années de prostitutions, elle a la chance de ne contracter aucune maladie vénérienne et ne tombe pas non plus enceinte.

Le comte du Barry voit en elle un potentiel charnel énorme, et réfléchit donc à un plan pour l'utiliser à son avantage. Son but est de la faire entrer à la cour pour ensuite profiter de ses avantages financiers et de ses privilèges.

Il organise un rendez-vous avec le roi avec l'aide de Richelieu. Ce dernier voit son intérêt dans la manœuvre, il désire un plus haut poste et pense qu'en présentant une femme au roi, il sera plus enclin à avoir sa reconnaissance par la suite. Du Barry le convainc que Jeanne est la femme de la situation même si c'est une prostituée même pas mariée !

Jeanne est examinée par le valet de Louis XV qui accepte ensuite de la mettre sur son chemin. On ment d'abord au roi quant à la situation de Jeanne… Impossible de lui dire tout de suite. Il tombe immédiatement amoureux d'elle, c'est un réel coup de foudre que Louis XV ressent pour cette jeune femme. Il a alors 60 ans et elle le fait sourire et met tout en œuvre pour le séduire.

Il veut bien sur l'installer à Versailles et c'est seulement à ce moment-là qu'on lui explique son rang social. Le roi décide d'accepter cette coute que coute sa venue à Versailles a la condition qu'elle fasse un mariage par avance pour régulariser sa situation face à la cour car il est important de rappeler que seule une femme noble et mariée peut vivre à Versailles.

Du Barry ne peut pas se marier avec Jeanne car il est déjà marié. Il demande ainsi à son frère Guillaume de l'épouser ; il fait signer aux deux époux un contrat de mariage blanc qui stipule une séparation des biens. Guillaume accepte et Jeanne devient ainsi comtesse du Barry en 1768.

Le roi Louis XV est déjà âgé lorsqu'il la rencontre. Il a aussi perdu des personnes importantes à son cœur avec les décès de son fils Louis-Ferdinand, de la duchesse de Pompadour. Sa femme Marie Leszczynska est quant à elle mourante et décède quelques jours après sa rencontre avec Jeanne. Comme dit précédemment, Louis XV est d'un naturel inquiet et dépressif, et il est très affecte par ces pertes. Son cœur et son lit sont disponibles et ouverts à une nouvelle histoire d'amour.

Jeanne est donc prostituée et mariée par intérêt quand elle arrive à la cour en 1768. Cette présentation à Versailles va bien sur contre les intrigues courtisanes, chacun voit son intérêt dans les conquêtes du roi, et une prostituée née roturière ne va bien entendu pas dans le sens de la haute noblesse.

Elle charme cependant le roi immédiatement et dans la durée, lui qui, loin des intrigues qui se déroulent autour de sa personne, et comme tous les hommes, est subjugué par son charisme et sa beauté. Il oublie son âge tant qu'il est près d'elle.

Bien entendu les pamphlets contre la du Barry ne se font pas attendre. Le duc de Choiseul en particulier qui est ministre, dirige quasiment le pays, et qui avait le plan de faire nommer sa sœur comme favorite, ne se remet pas de cette union qu'il n'a pas vu venir. Il fait publier nombre de chansons, lettres, pièces de théâtre pour déplorer la présence de cette prostituée au sein du palais royal. Apres nombre d'attaques contre la comtesse, Choiseul sera finalement disgracié et exile.

Jeanne est très isolée à Versailles, elle a peu d'alliés et pas d'amis. Le comte du Barry lui, lui soutire des sommes d'argent énormes régulièrement. Le roi, pour la libérer de ce lien avec le proxénète va lui donner des fortunes colossales, égales au prix de plusieurs châteaux, contre son départ à Toulouse. Elle est ainsi finalement libérée de ses dettes.

Comme toute la famille royale, Louise, la fille préférée du roi est largement contre l'union de son père avec Jeanne Bocu. Elle est une femme pieuse, conservatrice et religieuse qui vit au couvent. Le rejet de sa fille quant à son mode de vie le met mal à l'aise car il est comme toujours tiraille entre sa foi et ses désirs.

Le mariage du petit fils de Louis XV (le futur Louis XVI) va encore aggraver la représentation sociale de la favorite. En effet Marie Antoinette arrive à la Cour et est scandalisée par la présence de Mme du Barry. Marie Antoinette aussi jeune soit elle a bien conscience de l'importance que prend cette courtisane. Le roi étant veuf et elle étant désormais mariée au dauphin, elle est sensée avoir le rôle féminin le plus puissant du royaume, or la maitresse royale prend trop de place. Marie Antoinette refuse de lui adresser la parole et elle l'ignore et humilie ainsi la favorite.

C'est un nouveau scandale royal, qui devient publique, qui s'abat de nouveau sur Jeanne. Elle est plus isolée et esseulée que jamais, méprisée et hait de la famille royale et du peuple français. Seul le roi et quelques alliés qu'il lui a trouvé sont cordiaux avec elle.

Elle vit ainsi que pour son roi qu'elle distrait et qu'elle semble réellement aimer. Elle prend grand soin de son apparence, elle se parfume et s'habille selon des codes nouveaux à Versailles. Elle suit dès lors une mode totalement différente de Mme de Pompadour, au lieu de tissus et de robes épaisses, elle préfère les robes plutôt fluides. Elle introduit plus de naturel mais toujours beaucoup de luxe grâce aux cadeaux du roi qui la couvre de bijoux, d'argent et autres présents extrêmement chers. Elle est représentée dans les sculptures et peintures en vraie beauté, couverte de tissus nobles mais légers, et est toujours érigée en personnage chargé d'érotisme. Elle passe des journées rythmées par les fêtes couteuses et les promenades près de son protecteur.

Il est vrai qu'en matière de mécénat, elle marque moins sa présence à Versailles que pompadour, mais sa prédécesseur est restée vingt ans là où elle n'en restera que six. Ceci étant dit, elle a toutefois également montré un intérêt pour les arts. Elle commande de nombreuses œuvres, des tableaux, des sculptures, quelques petits bâtiments et des nombreux meubles. On dit qu'elle a un gout exquis et invente les modes à venir dans le domaine des arts entre autre.

En mai 1774 Louis XV contracte la petite vérole alors qu'il est en déplacement. On le fait revenir en urgence à Versailles par crainte qu'il meure. Toutes ces longues journées d'agonie et de maladie contagieuse, la comtesse le veille. Elle montre une vraie preuve d'amour en restant a ses cotés alors qu'il est contagieux et dans un état physique épouvantable. Quelques jours plus tard, le 10 mai 1774, il meurt.

A peine Louis XVI et Marie Antoinette montent sur le trone, ils s'empressent de renvoyer la du Barry de Versailles. Finalement plus d'un an et demi après la mort de Louis XV elle est autorisée à s'installer à Louveciennes dans le château que son protecteur lui avait offert. Elle y passe désormais une vie paisible et luxueuse, s'installe avec son nouvel amour, le duc de Brissac qui vit entre Louveciennes et ses terres en Anjou.

Elle est finalement presque réhabilitée dans la conscience collective de la noblesse. Elle ne fait en effet plus tache à la cour, elle ne dérange plus par sa présence. Marie Antoinette elle-même, qui subit les injures, les critiques, les pamphlets pré-révolution, s'adoucit et fait preuve de compassion pour la comtesse. Elle coule ainsi des jours paisibles dans la richesse et toujours aussi admirée des seigneurs du royaume.

Il est temps de parler de la fin de sa vie, et pour ce je tiens à expliquer les penchants politiques de Jeanne du Barry. A l'inverse de Mme de Pompadour, elle n'est ni proche intellectuellement, ni intéressée par l'esprit révolutionnaire que les Lumières ont créés. Elle est largement satisfaite du système monarchique dont elle jouit, et n'a aucune envie d'abandonner ses privilèges. Elle fréquente certains philosophes et écrivains des Lumières par l'intermédiaire du duc de Brissac et écoute, mais ne semble pas adhérer à ces idées sociales nouvelles. A l'été 1789 alors que les états généraux sont ouverts et que la révolution est en marche, elle dit une phrase qui est restée connue, et qui montre bien son regret : 'Si Louis XV avait vécu, tout cela ne serait pas arrivé.'

On comprend bien qu'elle n'a aucune conscience de ce qui attend la France et les partisans de la monarchie, elle se serait sinon sans doute faite plus discrète et aurait surement adhérée plus ostensiblement à l'esprit révolutionnaire si tel avait été le cas.

Elle est donc hostile à la révolution qui se prépare, et préfère attendre que l'agitation ambiante et la Grande Peur se passent en mettant à labris ses trésors et ses bijoux. C'est précisément ce qui la perdra. Elle n'a pas conscience de la violence du mouvement révolutionnaire, ainsi lorsqu'une partie de ses bijoux qui représentent une fortune lui sont volés, elle crie au scandale et publie même des avis publics de recherche avec promesses de récompenses à qui lui retrouvera ses pierres précieuses. Elle attire l'attention sur elle pendant de nombreux mois ou elle les recherche activement entre la France et l'Angleterre, et lorsqu'elle est arrêtée le 22 septembre 1793 car estimée ennemie de la révolution, elle pense encore pouvoir s'en sortir en révélant l'emplacement du reste de ses trésors.

La comtesse Jeanne du Barry est jugée devant le tribunal révolutionnaire et emmenée à l'échafaud et guillotinée le 8 décembre 1793 alors qu'elle hurle au bourreau qu'elle veut vivre, et supplie qu'on la sauve.

Elle est exécutée car elle a obtenu ce rang royal dans l'esprit populaire. C'est une vendue, une traitresse du peuple, et même si elle n'est pas reine, elle en a reçu tous les privilèges.

Jeanne Bocu comtesse du Barry garde dans l'histoire de France une place particulière, elle a été haïe par les nobles pour être une parvenue, et détestée du peuple pour être une vendue. Cette femme de mauvaise naissance dont le corps a été souille par tous les seigneurs de la cour, aura véritablement accédé à un rang de presque reine, et aura été tuée comme telle…

SUZANNE NECKER

Salonnière et Bienfaitrice

Le nom de Necker est bien connu des parisiens (entre autres) qui fréquentent le quartier qui porte ce nom, la station de métro, et bien entendu l'hôpital pour enfants.

Suzanne Curchod nait le 2 juin 1737 en Suisse dans une famille pauvre et très croyante. Son père est prêtre protestant calviniste et lui donnera de ce fait une éducation, religieuse d'abord très solide mais aussi une instruction globale très poussée. Y compris donc des cours généralement réservés aux garçons comme les sciences, la physique, le grec ancien et le latin. C'est une instruction donc exceptionnelle qu'elle reçoit en tant que fille d'abord, mais aussi de son statut social si modeste.

Des 1759 elle se fait connaitre socialement dans sa région suisse ou elle sera reconnue comme une jeune femme instruite. Elle fréquente déjà des salons littéraires et scientifiques et s'y fera même connaitre des grands intellectuels et médecins suisses.

En 1760 quand son père meurt elle est obligée d'être institutrice pour soutenir financièrement sa mère. En 1764 elle quitte ainsi la Suisse pour paris afin d'y développer les cours qu'elle donne. Elle y rencontrera rapidement son futur époux.

Elle se marie à Jacques Necker un grand banquier protestant suisse, ce qui l'élève socialement mais aussi financièrement puisqu'il est très fortuné. Jacques est très conservateur des valeurs de l'époque. Ensemble ils ont une fille, Anne Louise Germaine, qui nait le 22 avril 1766.

Une année avant la naissance de leur fille, ils ouvrent un salon à paris. Il en existe déjà plusieurs en ville qui sont réputés et extrêmement bien fréquentés.

Les salons sont des réunions mondaines qui réunissent des aristocrates et des personnes influentes de la haute bourgeoisie. On y parle, découvre et commente les derniers écrits littéraires et philosophiques. Ils sont le noyau intellectuel parisien et le lieu évident de la naissance du mouvement des Lumières. Les personnes influentes les fréquentent, ainsi que les auteurs, les chercheurs, les artistes, les intellectuels, et toute personne qui a envie de les écouter. On ne parle pas ici de club, puisqu'il n'y a pas de membres mais plutôt des invites plus ou moins réguliers, et les sujets changent ainsi selon les personnalités présentes et l'actualité mondaine et culturelle.

A force de s'y réunir, l'esprit devient à la mode à paris, il fait bon réfléchir et savoir débattre, et ainsi se forge des contestataires forts de la monarchie absolue et de l'église, mais aussi ainsi on découvre des mouvements artistiques littéraires et philosophiques. Le succès des salons crée un engouement intellectuel incroyable, on veut se cultiver, apprendre, comprendre et être capable d'émettre une opinion.

C'est aujourd'hui surprenant de se rendre compte que dans un tel bouillonnement intellectuel, les idées rétrogrades sur la condition féminine persistent. En effet les plus grands penseurs ont beau chercher plus de justice sociale et d'égalité, les femmes restent encore une majorité largement écartée de toute fonction décisionnaire. Elles ne sont d'ailleurs quasiment même pas un sujet de réflexion. On peut dire que ça arrange très bien ces grands penseurs qu'une femme (ou plus d'ailleurs) reste tapie dans leur ombre, dans un rôle domestique et prive que la société lui impose…

Mais revenons-en à Suzanne.

Son salon se différencie des autres par deux aspects ; il est ouvert aux sciences et non pas qu'aux lettres, et il est tenu par le couple Necker alors que les autres salons sont tenus par des femmes salonnières, dont certaines extrêmement connues.

Il est donc installe à Paris et est ouvert les mardis et vendredis. Parmi les habitues on retrouve les encyclopédistes, les scientifiques, Diderot, Tronchin, Duclos, Buffon, Suard, Marmontel et tout le beau monde.

Pour Suzanne cette société est d'un enjeu capital, elle doit faire ses preuves publiquement, montrer au gratin parisien qu'elle est au niveau pour son mari, qu'elle le met en avant et qu'elle a beau venir de la campagne Suisse, qu'elle est tout de même douée de réflexion.

On peut dire qu'elle réussira puisqu'en 1776, Jacques se voit attribuer une ascension phénoménale dans sa carrière en atteignant la direction des Finances du pays. Apres s'être ainsi fait connaitre à paris de l'élite intellectuelle il est inclus à la Cour. Ainsi ministre nomme par Louis XVI, il devient proche de la monarchie, et ses pouvoirs et influence augmentent.

Ils fonctionnent en équipe, Suzanne gère les finances domestiques, la vie de famille et le salon parisien, conseille même son mari parfois tandis qu'il occupe sa fonction officielle. Elle utilise finalement le statut qui lui est impose de femme domestique et privée et en fait un moyen d'accéder a la vie mondain et publique et y être reconnue comme influente.

Le couple bien que différent sur les idées de la place de la femme dans la société à l'air d'un couple amoureux et qui s'estime profondément. Il lui interdit une carrière littéraire qu'elle aurait aimé avoir, et lui impose de garder cette image conservatrice de la femme de maison.

Leur fille Germaine est prise en charge par Suzanne, il est primordial pour elle que sa fille soit éclairée de l'émulation intellectuelle ambiante qui gravite autour de son couple. Suzanne dit très ouvertement qu'elle donne une éducation masculine a sa fille ! Elle va au-delà des mœurs de l'époque en affirmant que les filles doivent avoir le même accès a l'instruction même si elles restent dans l'obscurité du cercle prive et familial.

Et en effet, même si les Lumières ont pour but premier de littéralement éclairer le peuple, il n'est en fait question que d'enseignement des hommes et pas vraiment des femmes.. Rousseau écrit son manuel d'éducation adressé à Emile, ce que Suzanne reprendra en affirmant que sa fille reçoit précisément l'éducation d'Emile et non celle de la petite fille Sophie.

Germaine qui aura ainsi jouit de cet entourage totalement extraordinaire et de ses enseignements, deviendra à son tour écrivain et philosophe, la très célèbre Mme de Staël. Elle reconnait un talent chez sa mère qui n'aura pas été mis à profit. Jacques essayera d'ailleurs largement de décourager aussi sa propre fille de se tourner vers une carrière littéraire, mais ce sera sans succès avec elle.

La seule fois ou Suzanne ira à l'encontre des idées conservatrices de son mari sera en 1778.

En dépit de l'avis défavorable de Jacques, elle fonde l'hôpital Necker pour enfants qui sera le premier hospice à attribuer un lit à chaque patient, entre autre.

En 1778 il est nécessaire pour elle de venir en aide aux plus miséreux et c'est d'abord un hospice de charité qui est érigé. Les plus pauvres peuvent y venir se faire soigner gracieusement. La gestion se fait vraiment par Suzanne avec le soutien de plusieurs sœurs. Elle devient une personnalité publique de par cette action de grâce, et son mari reconnaitra enfin publiquement la bienfaisance de son action, particulièrement dans sa correspondance avec le roi.

La célébrité montante de Jacques et d'elle-même amène aussi des vagues de critiques acerbes. On la montre du doigt comme une étrangère, une inconnue, une femme faible et protestante, une femme dans l'ombre de son mari. Les pamphlets crient même qu'elle s'occupe mal de ses patients…

Toute sa vie elle craint la maladie quelle a connu chez ses parents. Durant ses années de travail à l'hospice, elle apprendra encore et encore de nombreuses thèses médicales, un thème qui la passionne et l'anime depuis toujours.

Suzanne meurt le 6 mai 1794 à Beaulieu. Elle laisse un testament dans lequel elle donne des directives claires à son époux quant à la conservation de sa dépouille, mais aussi quelques lettres d'amour. Pour ce qui est de la France, elle nous a offert le centre hospitalier Necker qui jusqu'à aujourd'hui reste un des hôpitaux les meilleurs en pédiatrie de toute l'Europe.

MARIE ANTOINETTE

Reine icone pendant la fin de l'Ancien Régime

Le 2 novembre 1755 nait Marie Antoinette d'Autriche, à Vienne. Elle est la plus jeune fille de l'empereur François Ier et de l'impératrice Marie Thérèse d'Autriche.

Elle grandit à Vienne entourée de ses nombreux frères et sœurs (ses parents ont eu 15 enfants). Dès l'enfance, Marie Antoinette ne montre pas d'attrait particulier pour l'étude et la réflexion, c'est une petite fille qui aime plutôt l'insouciance, jouer et s'amuser, et reçoit l'éducation destinée aux filles : elle sait la danse et la musique mais lit difficilement l'allemand et ne parle pas bien le français.

Comme il est de coutume à l'époque, on réfléchit dès son enfance à l'alliance politique que son futur mariage pourrait créer, les mariages princiers sont alors de véritables opportunités de rapprochement politiques, des garants de la paix, et des moyens d'étendre une puissance et un royaume.

Ainsi à ses 14 ans en 1770 elle est mariée à Louis XVI et devient dauphine de France. Elle est accueillie sur le territoire français avec des fleurs et des fêtes, elle est jeune, séduisante, et le peuple français est très content de son arrivée.

Son mariage vient seller la réconciliation entre la France et l'Autriche après deux siècles de guerres entre les deux royaumes, et la noblesse française n'est pas particulièrement heureuse de cette alliance, considérant la dauphine comme espionne allemande et pas du niveau de noblesse du futur roi. En effet les contraintes protocolaires sont bien moindres en Autriche qu'en France pour la famille royale et elle est soumise dès ses noces au devoir de représentation imposé à son rang.

Avec son mari, Louis XVI, âgé de 15 ans et encore dauphin, les relations ne sont pas simples. Ils n'ont pas vraiment d'atomes crochus et ne sont tous deux pas portes sur les relations intimes. Ils restent pendant des années sans vraiment se toucher et le royaume tout entier est inquiet de la succession royale devant l'absence de dauphins à venir.

A Versailles elle est déjà traitée en reine. Louis XV le roi, veille à son bien-être mais regrette qu'elle dédaigne sa favorite… Mme du Barry bien sûr, à qui Marie Antoinette refuse totalement même de dire bonjour, choquée de la présence d'une si simple courtisane aussi proche de la famille royale.

Elle a peu de soutien au sein de la Cour et de la noblesse donc, alors qu'elle est jeune et justement avide d'amusements et d'amitiés propres à son âge.

La princesse de Lamballe fait partie de ses rares proches, elle va prendre de ce fait une importance pour la dauphine. Elles se ressemblent par leur rang, leur douceur et leur insouciance. Elles discutent ensemble et se moquent des personnes plus âgées. Elles mènent une vie insouciante et libre en évitant les contraintes. Elles cherchent les activités les plus frivoles comme la danse, les promenades en traineau dès qu'il neige, la musique et les ballades féeriques. Elles aiment ensemble se divertir avant tout.

A la mort de Louis XV en 1774, Louis XVI montre sur le trône et Marie Antoinette devient reine de France.

L'impératrice d'Autriche, la mère de Marie Antoinette, continue de surveiller de loin les activités de sa fille en espérant qu'elle remplisse son rôle politique. Elle la presse à faire un dauphin a la France.

La reine rencontre Mme de Polignac, qui est une comtesse assez pauvre et est très spirituelle et drôle. Elle est connue pour son oisiveté et sa repartie. Elle est affranchie, elle est mariée, mère de famille et a plusieurs amants. Elle devient très vite l'amie la plus proche de Marie Antoinette qui va la gâter et la couvrir de privilèges et de cadeaux hors de prix. Elle et sa famille vont recevoir des avantages, des rentes, des titres pour chacun.

Le système de cour est ainsi abime car le roi tolère que sa femme n'obéisse pas aux grades et lois de rangs. Il accepte aussi qu'elle arrête nombre de contraintes, particulièrement celles qui touchent sa vie privée. Bien entendu, ces caprices s'accompagnent de rumeurs quant à sa fidélité au roi.

Elle est en effet de plus en plus entourée de seigneurs masculins... Elle devient proche et même intime de certains.

Marie Antoinette a un tempérament joueur et dépensier. Elle n'a pas conscience de l'image oisive qu'elle renvoie. Elle joue à des jeux de hasard ou elle perd des sommes astronomiques du trésor royal, s'attirant les foudres des courtisans, outrés par son attitude jugée désinvolte.

Elle crée au fur et à mesure de ces années à Versailles, un genre de cour particulière finalement, au sein de la cour même. On parle même des favoris de la reine. Elle n'est pas acceptée par les vieux aristocrates, elle décide donc de s'entourer d'hommes et de femmes jeunes, beaux, et qui aiment les conversations légères, drôles et futiles, comme les potins dont elle raffole.

Elle se crée aussi un entourage destiné à la sublimer : la créatrice Rose Bertin pour ses vêtements, Leonard pour les perruques et coiffures qui déterminent la mode de l'époque, Jean-Louis Farjon qui crée ses parfums, et enfin Elisabeth Vigée-Lebrun la peintre et portraitiste qui est là pour diffuser son image. Son apparence est d'une importance capitale pour elle qu'on appelle 'la reine de la mode'.

Finalement le regret social de la reine, est d'être à Versailles et non à Paris ou la vie lui correspond mieux car elle est plus excitante et ne connait pas les devoirs de représentation versaillais qui l'épuisent, surtout qu'elle sait faillir dans le devoir social premier dont elle n'arrive pas à s'acquitter.

C'est seulement après huit longues années d'attente générale que Marie Antoinette donne enfin une première fille à la France. Le 19 décembre 1778 nait ainsi Marie Thérèse. Cinq grossesses suivront cette naissance, et trois enfants naitront à Versailles. L'honneur de la reine est rétablit enfin et durant ces années de grossesses et d'accouchement publics sa popularité remonte à la cour. Sa mère qui était la première inquiète quant à la descendance de Marie Antoinette est rassurée, sa fille ne sera pas répudiée, les bons liens politiques entre la France et l'Autriche sont conservés et sauvés.

Marie Antoinette peut donc se reconcentrer sur ses passions premières : le théâtre, la musique, ses favoris et les cancans. Honneur immense, elle nomme Mme de Polignac gouvernante des princes et princesses de France. Cette dernière montre ainsi une fois de plus l'importance qu'elle a dans le cœur de la reine. Grace à elle, la famille Polignac est passée d'un niveau de vie quasiment pauvre à l'une des familles les plus aisées de la cour.

Durant ses grossesses, Marie Antoinette lie une nouvelle amitié qui fera jaser pendant des années, car en effet, il s'agit de la relation de la reine de France avec Axel de Fersen. On ne pourra jamais savoir exactement la nature de cette relation, mais toujours est-il que nombreux sont les témoignages qui attestent d'un lien particulier très fort et à peine cache. Axel de Fersen est suédois, il est connu comme un homme extrêmement beau et Marie Antoinette va le compter parmi ses plus proches jusqu'à sa mort. S'il y a eu entre eux des relations physiques, il n'existe aucune preuve l'attestant.

Marie Antoinette évolue en déterminant la mode, en dédaignant les codes, mœurs et dictats royaux qui lui sont pourtant imposés par son rang, elle fait de nombreux scandales et est souvent critiquée pour son attitude jugée dérangeante. Elle passe son temps au petit Trianon et au hameau de la reine, préférant ces endroits aux fastes du palais de Versailles. On lui reproche d'être une mauvaise reine, d'entretenir ses proches au compte du royaume, on l'accuse de tromper le roi, d'avoir une trop légère vertu et d'être une mauvaise mère.

Les aristocrates qui ont été boudés par la reine lui reprochent de ne pas être assez vertueuse et de détériorer l'image royale et la puissance du royaume en l'appauvrissant. La bourgeoisie et le reste du peuple français la calomnient et accusent son oisiveté et sa frivolité, au moment même où le peuple bout de rage et se soulève.

A la prise de la Bastille le 14 juillet 1789 par les révolutionnaires, la famille royale comprend que la cour est en danger. Tous les grands seigneurs de la cour et les favoris de Marie Antoinette sont envoyés en exil pour les protéger de la colère populaire, eux qui sont déjà accuses d'avoir profité du trésor national et d'avoir mené le pays à la pauvreté. Bien que personne ne peut s'imaginer quelle sera la suite de l'histoire, la rage populaire est claire, et il est donc préférable pour les proches de la famille royale de partir vers les pays voisins, pensant tous revenir dans les mois à venir.

Les insurrections se multiplient dans tout le pays, la Grande Peur s'installe partout, et le roi et la reine se trouvent enfermes dans leur palais tandis que tout le pays se soulève et s'arme.

Marie Antoinette se retrouve esseulée au milieu de la panique et de la violence ambiante. La pensée révolutionnaire se propage et les pamphlets anti monarchique se multiplient chaque jour. Louis XVI tente de lutter avec ses hommes pour réinstaurer le calme, mais en vain.

Dès les premiers jours d'octobre la monarchie absolue montre les premiers signes de déclin.

Le 6 octobre 1789 la foule en colère envahit Versailles après plusieurs jours de représailles et de demandes au roi d'imposer la Constitution et des lois démocratiques. Le couple royal, escorté par la foule et protégé par la Garde Nationale n'ont pas le choix que de fuir vers Paris. Ils s'installent au Palais des Tuileries avec leurs enfants, et s'y enferment pour leur sécurité. Les Tuileries sont gardées en permanence de peur d'une émeute populaire.

La monarchie est très affaiblie car le pouvoir législatif appartient désormais à l'Assemblée Constituante, assemblée auto-proclamée par les députés des Etats Généraux ; tandis que Louis XVI garde encore le pouvoir exécutif qui le laisse appliquer les lois votées par l'Assemblée. La dime est retirée, l'Eglise perd ainsi également de son pouvoir. La monarchie constitutionnelle s'installe en France.

Durant près de deux ans le couple royal vit enfermé, et garde certains privilèges malgré cette assignation à résidence. Seuls Axel de Fersen et la princesse de Lamballe sont encore présents pour eux. Ils n'ont pas d'enfants et la princesse est veuve, ils n'ont d'une certaine manière plus rien à perdre et font leur possible pour aider le roi et la reine dans le quotidien, en mettant en danger leur propre vie. Marie Antoinette qui durant toute sa vie à Versailles a été critiquée pour choisir ses amitiés seule, se voit récompensée d'une fidélité exemplaire.

En juin 1791, près de deux ans après leur arrivée aux Tuileries, ils tentent de s'échapper vers la frontière allemande. Cette fuite est orchestrée entre autre par de Fersen, mais la confortable berline qui transporte la famille royale est tout de suite arrêtée. L'espèce de confiance qui régnait entre le roi et la Nation est alors largement abimée. La Terreur s'installe dans tout le pays, tandis que le roi qui avait gardé jusqu'alors une image publique bienveillante, est de nouveau montré du doigt et accusé de complot contre la France. L'opinion publique se divise encore quant à l'avenir de la monarchie.

Pendant encore un an l'insurrection se renforce jusqu'à un retrait total des pouvoirs royaux.

L'invasion des Tuileries le 10 aout 1792 par les Sans-Culottes envoie la famille royale en détention à la prison du Temple. Il en est à présent fini des privilèges et des pouvoirs. La famille royale en entier attend son procès.

En septembre 1792 de nombreux massacres populaires ont lieu dans les rues de Paris, notamment celui de la princesse de Lamballe dont le corps est littéralement découpé en morceaux et exhibé ainsi sous les fenêtres de Marie Antoinette que l'on soupçonne depuis des années d'entretenir des rapports lesbiens avec ses favorites.

Le procès de Louis XVI le condamne, le 17 janvier 1793, à la peine de mort. Quatre jours plus tard, le 21 janvier, il est guillotiné place de la Révolution (actuelle place de la Concorde), à Paris.

Marie Antoinette, déchue, après avoir été séparée de l'un de ses fils, est à son tour enfermée à la Conciergerie, le 2 aout 1793. Elle a dès lors entièrement conscience de la fin qui l'attend. Elle qui n'avait pourtant aucun pouvoir politique, aucune responsabilité directe sur la Nation, attend à son tour son procès.

A l'aube du 16 octobre 1793 elle est condamnée à son tour à la peine de mort sur l'échafaud. Elle y est emmenée dès le matin devant la foule qui l'insulte et la calomnie.

Marie Antoinette, dernière reine de France, et dernière reine de l'Ancien Régime est guillotinée.

Apres la Restauration son nom sera réhabilité. On considèrera ce meurtre comme plus grave qu'un régicide, on parlera d'elle en martyr et non plus en traitresse du peuple. Elle deviendra dès lors dans la mémoire collective une reine avant-gardiste et une icône féminine du XVIIIe siècle.

C'est ainsi avec cette reine, iconique, déchue, puis finalement restaurée, que s'achèvent les récits de ces cinq personnes, toutes cinq femmes, et qui malgré leur sexe et le stéréotype de genre qui les entourait, ont de toute évidence, et à jamais, marquées l'histoire de France.

Références & Sources

- Archives Nationales, 11, rue des quatre Fils 75003 Paris.
- Bibliothèque Nationale de France - https://gallica.bnf.fr/
- Château de Versailles - www.chateauversailles.fr
- Musée du Louvre - https://focus.louvre.fr
- Encyclopédie Britannica - https://www.britannica.com/
- Fortunée Briquet « Biographie de madame de Pompadour », dictionnaire SIEFAR
- Lorenzo Crivellin, www.madamedepompadour.com
- Mme du Hausset « Mémoires sur la marquise de Pompadour, écrits par sa femme de chambre », Paleo eds, 2014.
- Foundation Historical Dictionnary of Switzerland « Dictionnaire Historique de la Suisse »
- Dictionnaire SIEFAR (Société Internationale pour l'Etude des Femmes de l'Ancien Régime) - https://siefar.org
- Madline Favre « Suzanne Necker et son hospice de charité », Slatkine, Genève, 2018.

- Charles Vatel « Histoire de Madame Du Barry », Versailles, L. Bernard, 1883.
- Pascal Laine « La Presque Reine », ed de Fallois, 2003.
- Elisabeth Badinter « Emilie ou l'ambition féminine au XVIIIe siècle », Flammarion, 1983.
- Francoise de Graffigny « La Vie privee de Voltaire et de Mme Du Chatelet » Paris, 1820.
- Barthelemy Mouffle d'Angerville « Vie privée de Louis XIV », Londres, 1781.
- Olivier Bernier « Louis le Bien Aime. Vie de Louis XV », Garden City, 1984.
- Michel de Decker « Marie Antoinette, les dangereuses liaisons de la reine » France Loisirs, 2005.
- Charles Kunstler « Fersen et Marie Antoinette », Hachette, 1961.
- Philippe Delorme « Marie Antoinette, Epouse de Louis XVI, mère de Louis XVII », Pygmalion, 1999.
- Simone Bertiere « Les reines de France aux temps des Bourbons : Marie Antoinette l'insoumise », eds de Fallois, 2002.

www.ingramcontent.com/pod-product-compliance
Lightning Source LLC
La Vergne TN
LVHW090135160826
845673LV00017B/2482

* 9 7 8 2 9 5 8 9 7 3 4 0 7 *